GARFIELD
casse la croûte

PAR JIM DAVIS

DISTRIBUTEURS EXCLUSIFS :

° POUR LE CANADA ET LES ÉTATS-UNIS :
Les Messageries ADP
955, rue Amherst
Montréal, Québec
H2L 3K4
Tél.: (514) 523-1182
Télécopieur: (514) 939-0406

° POUR LA SUISSE
Transat S.A.
Route des Jeunes, 4 Ter
C.P. 1210
1211 Genève 26
Tél.: (41-22) 342-7740
Télécopieur: (41-22) 343-4646

° POUR LA FRANCE ET LES AUTRES PAYS :
Dilisco Diffusion
122, rue Marcel Hartmann
94200 Ivry-sur-Seine
Tél.: 49.59.50.50
Télécopieur: 46.71.05.06

° POUR LA BELGIQUE ET LE LUXEMBOURG :
Vander S.A.
Avenue des Volontaires, 321
B-1150 Bruxelles
Tél.: (02) 762-9804
Télécopieur: (02) 762-0662

JIM DAVIS

GARFIELD casse la croûte

TRADUIT DE L'AMÉRICAIN PAR
JEAN-ROBERT SAUCYER

Publié par:
Presses Aventure, une division de
Les Publications Modus Vivendi Inc.
C.P. 213, Dépôt Sainte-Dorothée
Laval (Québec)
Canada
H7X 2T4

Traduction: Jean-Robert Saucyer
Infographie: Modus Vivendi

Dépôt légal: 3ième trimestre 1996
Bibliothèque nationale du Québec
Bibliothèque nationale du Canada
Bibliothèque nationale de Paris

ISBN: 2-922148-05-X

QU'AS-TU LÀ, GARFIELD?
UN OREILLER DE PLUMES
CUI CUI
FAIT DE PLUMES FRAÎCHES!
© 1993 United Feature Syndicate, Inc.
JIM DAVIS 11-10

CLONG!
J'AVAIS L'ESTOMAC VIDE!
© 1993 United Feature Syndicate, Inc.
JIM DAVIS 11-11

© 1993 United Feature Syndicate, Inc.
JIM DAVIS 11-12
C'EST ASSEZ DE SIROP SUR TES CRÊPES, GARFIELD!
GRIPPE-SOU!

PARÉ AU BOTTÉ, ODIE?
© 1993 United Feature Syndicate, Inc.
UNE JOIE RENOUVELÉE!
JIM DAVIS 11-13

Garfield
MIAM
MIAM
MIAM
MIAM
© 1993 United Feature Syndicate, Inc
JIM DAVIS 11-14
OUF!
BURP!
MES EXCUSES!

JE NE RÉUSSIS PAS À FIXER MON CHOIX
CLIC CLIC CLIC
CLIC CLIC CLIC CLIC
© 1993 United Feature Syndicate, Inc.
CE QUI EST PLUTÔT DIVERTISSANT!
CLIC CLIC CLIC
JIM DAVIS 11-15

Regardez-vous trop la télévision?
Beaucoup, beaucoup trop?
© 1993 United Feature Syndicate, Inc.
Dans ce cas, merci mille fois!
PAS DE QUOI!
JIM DAVIS 11-16

wouf! wouf!
Qu'y a-t-il?
JIM DAVIS 11-17
Tim est-il retombé dans le puits?
wouf!
LAISSE-LE AU FOND!
© 1993 United Feature Syndicate, Inc.
Conduis-moi à lui!
wouf!
BONNE IDÉE! TU Y JETTERAS LE CHIEN AUSSI!

Vous considère-t-on comme un idiot?
JIM DAVIS 11-18
© 1993 United Feature Syndicate, Inc.
Dans ce cas, nous avons le produit qu'il vous faut!
J'EN AI TROIS PAREILS!
PLAUSIBLE!

CLIC
Voici un reportage sur ceux qui ne peuvent se concentrer longtemps!
© 1993 United Feature Syndicate, Inc.
CLIC
JIM DAVIS 11-19

JIM DAVIS 11-20
© 1993 United Feature Syndicate, Inc.
UNE PUB DE BOUFFE POUR ANIMAUX!

GARFIELD
GRATT GRATT GRATT
GUILI GUILI GUILI GUILI
GRATT GRATT GRATT
JIM DAVIS 11-21
© 1993 United Feature Syndicate, Inc.
GUILI GUILI
GRATT GRATT GRATT
GUILI GUILI GUILI GUILI GUILI GUILI
GUILI GUILI
SILENCE!

RRRRRRR
Z
Z
© 1993 United Feature Syndicate, Inc.
PFFFFFF
JIM DAVIS 11-22

VA CHERCHER!
JIM DAVIS 11-23
BRAVE CHIEN!
© 1993 United Feature Syndicate, Inc.
ODIE ET MOI JOUONS À RATTRAPER LE TRAIN!

LA PORTE EST SORTIE DE SES GONDS PUIS EST TOMBÉE SUR ODIE!
JIM DAVIS 11-24
© 1993 United Feature Syndicate, Inc.
OH! NON!
LA MAISON SERA PLEINE DE COURANTS D'AIR!

JIM DAVIS 11-25
TIENS! MON VIEUX COPAIN ODIE!
PAF!
© 1993 United Feature Syndicate, Inc.
TIENS! MON VIEUX COPAIN ODIE!

J'AI MILLE RAISONS DE NE PAS VOULOIR ÊTRE UN CHIEN!
JIM DAVIS 11-26
© 1993 United Feature Syndicate, Inc.
LES VOILÀ TOUTES!

UNE TRAGÉDIE VIENT DE FRAPPER ODIE!
© 1993 United Feature Syndicate, Inc.
JIM DAVIS 11-27

VOTRE CHAUFFEUR
GARFIELD
TOTAL
$
NOVEMBRE
EUF!
ENFIN DIMANCHE!
LE DIMANCHE, JE GLISSE UNE ATTRAPE DANS LA BOUFFE DE JON...
CETTE COULEUVRE EN CAOUTCHOUC FERA L'AFFAIRE!
JIM DAVIS 11-28
GARFIELD, IL Y A UNE FAUSSE COULEUVRE DANS MA SALADE!
© 1993 United Feature Syndicate, Inc.
EST-CE DÉJÀ DIMANCHE?
NOUS SOMBRONS DANS LA ROUTINE!

GARFIELD, TU PÈSES AUTANT QUE DEUX CHATS!
D'ACCORD AVEC TOI!
NOURRIS-MOI!
RFIELD
FIELD
JIM DAVIS 11-29
© 1993 United Feature Syndicate, Inc.

TCHAC!
TU ME MANQUAIS!
JIM DAVIS 11-30
© 1993 United Feature Syndicate, Inc.

JIM DAVIS 12-1
QUI A MANGÉ LA LASAGNE?
© 1993 United Feature Syndicate, Inc.
PARFOIS, TU M'INQUIÈTES!
C'ÉTAIT UNE QUESTION POUR LA FORME...

JON, JE TIENS À CE QUE TU SACHES QUE JE M'EFFORCE D'ÊTRE PLUS SINCÈRE!
© 1993 United Feature Syndicate, Inc.
LE POISSON A MORDU!
JIM DAVIS 12-2

NOUS ASSISTONS À UNE RÉVOLUTION DE L'INFORMATION, GARFIELD
TANT DE NOUVELLES CHOSES À SAVOIR!
© 1993 United Feature Syndicate, Inc.
TU PARLES SANS DOUTE DE LA PIZZERIA ET DE SON NOUVEAU NUMÉRO DE TÉLÉPHONE?
JIM DAVIS 12-3

ON A DIT QUE JE SUIS PARESSEUX, EXASPÉRANT...
JIM DAVIS 12-4
BONG!
© 1993 United Feature Syndicate, Inc.
ET QUE JE DÉCROCHE DES MÂCHOIRES!!!

0007.5
TOTAL
0001.2
PRIX AU
JIM DAVIS 12-5
© 1993 United Feature Syndicate, Inc.
JE SUPPOSE QUE LE PREMIER FLOCON DE NEIGE DE LA SAISON S'ESTIME OBLIGÉ DE FAIRE UNE ENTRÉE REMARQUÉE!

DÉCEMBRE
JIM DAVIS 12-6
JE SAIS, GARFIELD; NOËL APPROCHE!
© 1993 United Feature Syndicate, Inc.

© 1993 United Feature Syndicate, Inc.
NOËL APPROCHE!
JIM DAVIS 12-7

LES DÉCORATIONS, LES CADEAUX,
LES CANTIQUES, LES CADEAUX, LE GUI ET LES CADEAUX
SIX RAISONS D'AIMER NOËL!
© 1993 United Feature Syndicate, Inc.
JIM DAVIS 12-8

NOUS N'ALLONS PAS DÉCORER LA MAISON CETTE ANNÉE, GARFIELD
PAS DÉCORER? GRRRRR!
TU SAIS POURQUOI?
PARCE QUE NOUS ALLONS À LA FERME!
DOUBLE GRRRRR!
© 1993 United Feature Syndicate, Inc.
JIM DAVIS 12-9

GARFIELD, JE SAIS QUE TU NE VEUX PAS PASSER NOËL À LA FERME; MAIS TU DOIS T'Y FAIRE
BERK! BERK! BERK!
VAS-TU CESSER?
JIM DAVIS 12-10
© 1993 United Feature Syndicate, Inc.

VITE! GARFIELD, NOUS PARTONS À LA FERME!
UNE MINUTE!
DÉPÊCHE-TOI!
QU'ES-TU ALLÉ FAIRE?
J'AI LAISSÉ NOTRE ADRESSE AU PÈRE NOËL!
JIM DAVIS 12-11
© 1993 United Feature Syndicate, Inc.

Garfield
OHHHHHHH...
NOUS ALLONS À LA FERME POUR FÊTER NOËL...
OUI, NOUS ALLONS À LA FERME POUR FÊTER NOËL!!
© 1993 United Feature Syndicate, Inc.
OUI, NOUS ALLONS, ZALLONS, ZALLONS, ZALLONS ZA LA FERMEEEE...
POUR-R-R F-F-F-FÊTE-E-E-ER NO-O-O-ËL!!!
LES GARS, À VOTRE TOUR DE CHANTER!
LES GARS?
JIM DAVIS 12-12

MAMAN! PAPA!
JON!
FISTON!
© 1993 United Feature Syndicate, Inc.
CENT WATTS!
JE N'AIME PAS QUE TU M'APPELLES AINSI!
JIM DAVIS 12·13
CENT WATTS!
MAMAN!
AH! L'AMOUR FRATERNEL!

FISTON, ODIE ET TOI OCCUPEREZ CETTE CHAMBRE
JIM DAVIS 12·14
© 1993 United Feature Syndicate, Inc.
ET GARFIELD?
T'INQUIÈTE PAS!
GARFIELD OCCUPERA CES LIEUX!

À TABLE!
JIM DAVIS 12-15
© 1993 United Feature Syndicate, Inc.
SAPRISTI, MAMAN!
HUIT PLATS AUX POMMES DE TERRE!
PAF!
MON MEILLEUR SCORE!

JONNY, C'EST TOI À LA PETITE ÉCOLE!
TOUCHANT!
ALBUM
ET VOICI CENT WATTS COURANT TOUT NU DANS LES POUSSES DE SOJA!
À QUAND REMONTE LA PHOTO?
ALBUM
JIM DAVIS 12-16
© 1993 United Feature Syndicate, Inc.
À CET ÉTÉ!
TOUCHANT!
ALBUM

NOËL À LA FERME OFFRE QUELQUE CHOSE DE PARTICULIER...
QUELQUE CHOSE D'UNIQUE QUI N'EXISTE NULLE PART AILLEURS...
DES BISCUITS MOULÉS EN FORME D'ÉQUIPEMENT AGRICOLE!
JIM DAVIS 12-17
© 1993 United Feature Syndicate, Inc.

POUR NOËL, NOUS SOMMES EN VISITE CHEZ LES PARENTS DE JON
À LA FERME, TOUT EST PAISIBLE...
VIENS, GARFIELD! NOUS JOUONS À TAQUINER LES VACHES!
...ET BIZARRE!
JIM DAVIS 12-18
© 1993 United Feature Syndicate, Inc.

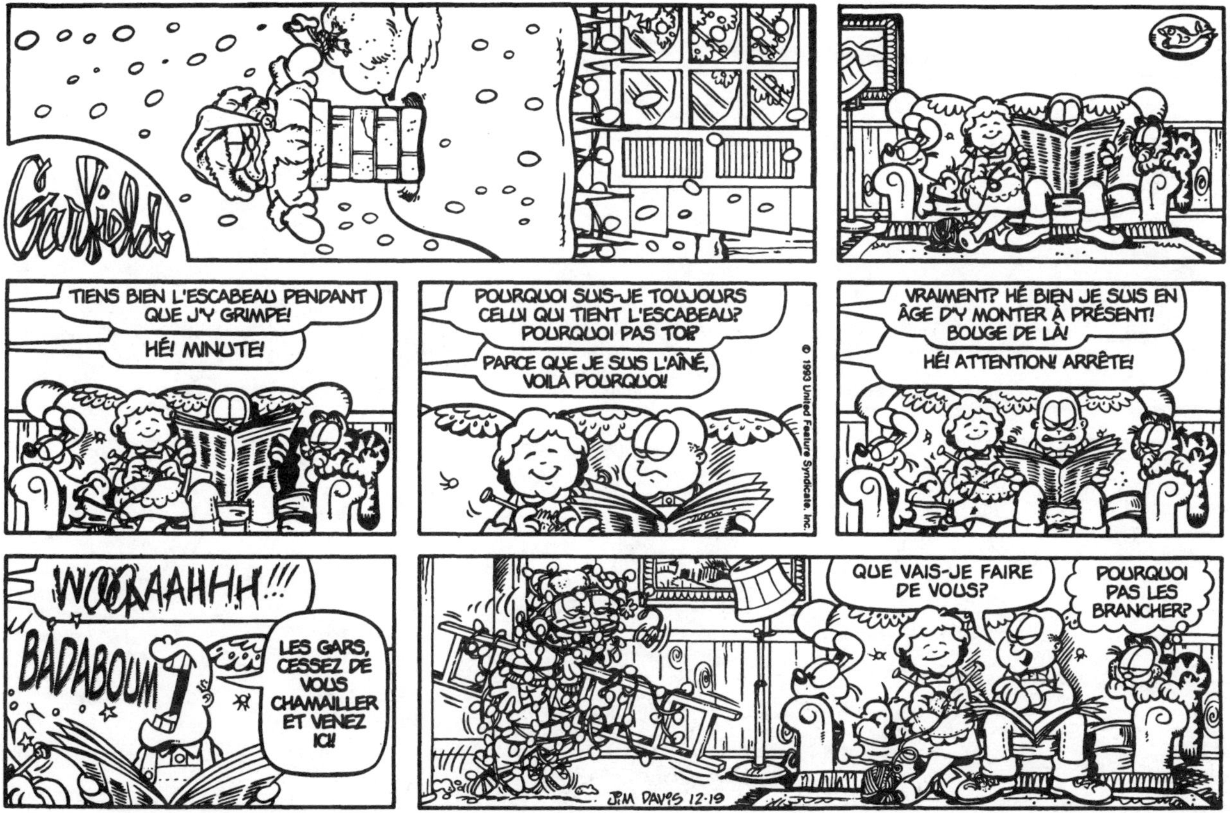

Garfield
TIENS BIEN L'ESCABEAU PENDANT QUE J'Y GRIMPE!
HÉ! MINUTE!
POURQUOI SUIS-JE TOUJOURS CELUI QUI TIENT L'ESCABEAU? POURQUOI PAS TOI?
PARCE QUE JE SUIS L'AÎNÉ, VOILÀ POURQUOI!
© 1993 United Feature Syndicate, Inc.
VRAIMENT? HÉ BIEN JE SUIS EN ÂGE D'Y MONTER À PRÉSENT! BOUGE DE LÀ!
HÉ! ATTENTION! ARRÊTE!
WOOAAAHHH!!!
BADABOUM
LES GARS, CESSEZ DE VOUS CHAMAILLER ET VENEZ ICI!
QUE VAIS-JE FAIRE DE VOUS?
POURQUOI PAS LES BRANCHER?
JIM DAVIS 12-19

SNIF SNIF SNIF SNIF
JIM DAVIS 12-20
© 1993 United Feature Syndicate, Inc.
NOËL EST DANS L'AIR!
LES BISCUITS SONT PRÊTS!
ET CHAUD DU FOUR!

HÉ! CENT WATTS, TU AS L'AIR D'UNE MAUVIETTE AVEC TES PYJAMAS À MOTIF OURSON!
JIM DAVIS 12-21
AU MOINS, JE N'AI PAS L'AIR D'UNE ANDOUILLE AVEC SES PYJAMAS JEANNOT LAPIN!
© 1993 United Feature Syndicate, Inc.
OURSON! OURSON! OURSON!
LAPIN! LAPIN! LAPIN!
DIS-MOI QU'ILS SONT NOS FILS ADOPTIFS!
JE NE ME SOUVIENS PLUS! J'ÉTAIS SANS CONNAISSANCE!

HÉ! JE RAPPORTE LE SAPIN DE NOËL!
JIM DAVIS 12-22
© 1993 United Feature Syndicate, Inc.
EN AS-TU ABATTU UN BIEN FOURNI, CENT WATTS?
SÛR! ET JE N'AI PAS EU DE MAL À LE TROUVER!
CIEL! FISTON, ON DIRAIT LE SAPIN PLANTÉ SUR LA PELOUSE
VOILÀ POURQUOI IL L'A FACILEMENT TROUVÉ!

LES GARÇONS! PAPA S'APPRÊTE À LIRE L'HISTOIRE DE "TITOTO, LE CLOWN QUI A SAUVÉ NOËL"!
© 1993 United Feature Syndicate, Inc.
TOUS AU SALON COMME LE VEUT LA TRADITION!
JIM DAVIS
QUI D'ENTRE VOUS A BU LE PUNCH À L'AIL?
12-23

QUE FAITES-VOUS? VOUS ATTENDEZ LE PÈRE NOËL?
© 1993 United Feature Syndicate, Inc.
HA! HA! HA! HA! HA!
HA! HA! HA!
JIM DAVIS 12-24

J'IGNORE POURQUOI... IL Y A LE SAPIN, LES LAMPIONS, LES CADEAUX MAIS QUELQUE CHOSE MANQUE, SANS QUOI NOËL N'EST PAS NOËL...
VROUM VROUM VROUM VROUM
12-25 JIM DAVIS
© 1993 United Feature Syndicate, Inc.
VROUM VROUM
VROOOUUM
CRAC!!
SALUT À TOUS!
GRAND-MÈRE!
NOËL PEUT COMMENCER!

Jon
Arlene
Odie
Nermal
Pooky
XOXO
Amitiés,
Garfield
Joyeuses Fêtes!
EUF
ADIEU NOËL!
ADIEU SAPIN DE NOËL!
ADIEU LAMPIONS! ADIEU GUIRLANDES!
© 1993 United Feature Syndicate, Inc.
ADIEU ÉTRENNES! ADIEU PAPIER D'EMBALLAGE!
ADIEU FEUILLES DE GUI!
BOONNJJOUR RESTES DE TABLE!
JIM DAVIS 12-26

VOICI UNE NOUVELLE ANNÉE! PORTEUSE D'ESPOIR, DE PROMESSES...
JANVIER
BONG!
PORTEUSE DE LUNDIS!
JIM DAVIS 12-27

QUELLES SONT TES RÉSOLUTIONS POUR LE NOUVEL AN?
J'AI DÉCIDÉ DE NE PLUS...
BOOIINNG!
FAIRE CECI!
GARFIELD!
JE CRAINS DE NE PAS POUVOIR LA RESPECTER!
© 1993 United Feature Syndicate, Inc.
JIM DAVIS 12-28

SPLASH SPLASH SPLASH SPLASH SPLASH SPLASH SPLASH SPLASH SPLASH
JIM DAVIS 12-29
J'AI DÉCIDÉ DE NE PLUS JONGLER AVEC LES ŒUFS
© 1993 United Feature Syndicate, Inc.

GARFIELD CHOISIT SA TENUE POUR LE RÉVEILLON DU NOUVEL AN
JIM DAVIS 12-30
NON, LES POIS NE TE VONT PAS. ESSAIE PLUTÔT LES RAYURES!
RAVISSANT!
© 1993 United Feature Syndicate, Inc.

BONNE ANNÉE!!!
BLAAAAT!
PHHHT!
JIM DAVIS 12-31
DÉCEMBRE
© 1993 United Feature Syndicate, Inc.
...D'AVANCE!

L'HIVER EST TELLEMENT PAISIBLE!
© 1993 United Feature Syndicate, Inc.
AEEE!
JIM DAVIS 1-1-94
SAUF LORSQU'IL SE PINCE LE COU AVEC UNE FERMETURE ÉCLAIR!

Garfield
TE VOILÀ ENFIN!
OÙ DONC ÉTAIS-TU PASSÉ?
QUE FAIS-TU ENCORE AVEC CE CHAPEAU? LE NOUVEL AN EST PASSÉ DEPUIS DEUX JOURS!
JIM DAVIS 1-2-94
JE SAIS!
© 1993 United Feature Syndicate, Inc.
DIRE QUE J'AI MANQUÉ ÇA!
ENTREZ TOUS! ET ASSUREZ-VOUS QUE LE BOUC ESSUIE SES PATTES!
BAAH

AU SECOURS! JE TOMBE!
JE PLAISANTE!
© 1993 United Feature Syndicate, Inc.
C'EST UNE PRISE DE VUE EN PLONGÉE!
JIM DAVIS 1-3-94

ODIE, COMMENT PEUX-TU ÊTRE AUSSI STUPIDE?
JIM DAVIS 1-4-94
© 1993 United Feature Syndicate, Inc.
MUNI D'UN PERMIS EN BONNE ET DUE FORME, ÇA VA!

ROULE-TOI DANS CE PLAT DE CHAPELURE PENDANT QUE LE FOUR CHAUFFE!
ALORS, QUOI? PRÉFÈRES-TU ÊTRE RÔTI? BOUILLI? OU QUOI ENCORE?!
JIM DAVIS 1-5-94

Z
Z
Z
UN SILENCIEUX!
JIM DAVIS 1-6-94

UN VRAI CHAT CHASSERAIT CETTE SOURIS!
WOUF! WOUF!
JPM DAVIS 1-7-94
© 1993 United Feature Syndicate, Inc.

SOIS FÉROCE!
OUAIS
OUSTE!
PARFOIS JE M'EFFRAIE MOI-MÊME...
JPM DAVIS 1-8-94
© 1993 United Feature Syndicate, Inc.

GARFIELD
© 1994 United Feature Syndicate, Inc.
JIM DAVIS 1-9-94
PAF!
PAF!
PAF!
PAF!
PAF!
PAF!
PAF!
IL S'AGIT D'UNE TRADITION PUREMENT LOCALE!

HÉ! HO! SOURIEZ! LE SOLEIL BRILLE!
© 1994 United Feature Syndicate, Inc.
SPLAT!
JIM DAVIS 1-10
FICHE LE CAMP!
BEAUCOUP TROP D'ENTRAIN POUR UN LUNDI MATIN!

ZIP!
© 1994 United Feature Syndicate, Inc.
MIAM! MIAM! MIAM!
EXHIBITIONNISTE!
JIM DAVIS 1-11

JIM DAVIS 1-12
© 1994 United Feature Syndicate, Inc.
OUF
OUF
OUF
OUF

PIF
JIM DAVIS 1-13
© 1994 United Feature Syndicate, Inc.
VLAN!
POUF!
AIE!
AU COMBAT DE BOULES DE NEIGE, LES SOURIS SONT NULLES!

JIM DAVIS 1-14
♪
TAP
TAP
TAP
LE FORT DOIT ÊTRE SOLIDE SI ON VEUT REMPORTER LA BATAILLE
© 1994 United Feature Syndicate, Inc.
JE SUIS PRÊT, GARFIELD!

JIM DAVIS 1-15
© 1994 United Feature Syndicate, Inc.
SPLOT!
WHAM!
LE COMBAT DE BOULES DE NEIGE A PRIS FIN HIER!
C'EST CE QUE TU CROIS!

GARFIELD
CHIC! IL A NEIGÉ!
VITE! MA CAMÉRA
© 1994 United Feature Syndicate, Inc.
ROMP
ROMP
ROMP
ROMP
ROMP
JIM DAVIS 1-16

Voici le merle-bleu...
délicieux nature ou en sauce madère...
QUE REGARDES-TU?
LE RÉSEAU DES CHATS!
JIM DAVIS 1-17
© 1994 United Feature Syndicate, Inc.

Restez à l'écoute...
ou pas, on s'en fiche...
pour notre théatre de l'indifférence
JIM DAVIS 1-18
© 1994 United Feature Syndicate, Inc.

Voici les frères Rigatoni, jongleurs émérites!
AÏE!
AÏE!
AÏE!
AÏE!
AÏE!
© 1994 United Feature Syndicate, Inc.
AÏE!
AÏE!
AÏE!
CE BÂTON EN FLAMMES N'EST PAS UNE BONNE IDÉE
JIM DAVIS 1-19

JE N'EN CROIS PAS MES YEUX!
© 1994 United Feature Syndicate, Inc.
TU REGARDES UN ÉCRAN PLEIN DE STATIQUE!
JIM DAVIS 1-20
OUI, MAIS DE LA STATIQUE DE QUALITÉ!

Les chats jouissent d'une vague de popularité...
notre caméra dissimulée montre pourquoi!
Le puissant lobby des chats verse des pots-de-vin à la population!
QUE DES MENSONGES!
JIM DAVIS 1-21
© 1994 United Feature Syndicate, Inc.

NOM D'UN CHIEN
CLIC
© 1994 United Feature Syndicate, Inc.
PERTE DE TEMPS
CLIC
JIM DAVIS 1-22
QUE REGARDES-TU?
JE SUIS REVENU À "NOM D'UN CHIEN"!

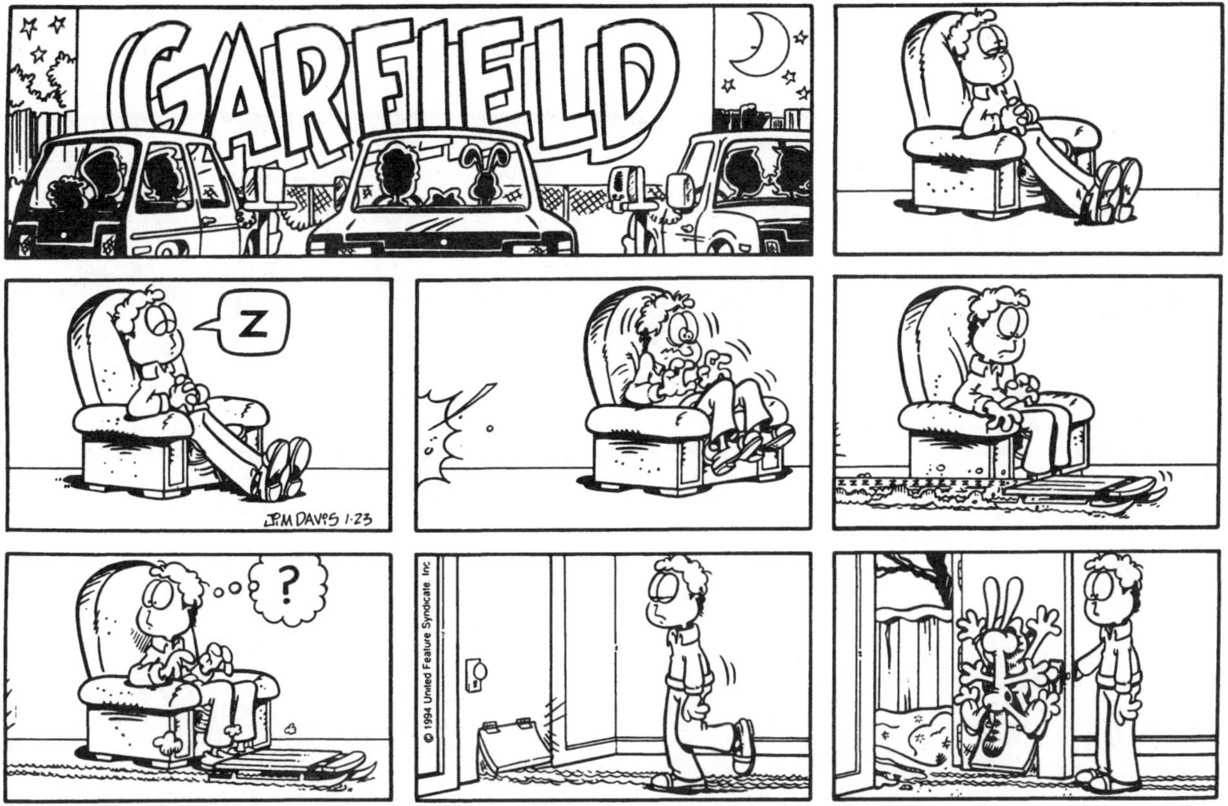
GARFIELD
Z
JIM DAVIS 1·23
ZZZZZZZZZZZZZZZ
?
© 1994 United Feature Syndicate, Inc.

AINSI VA LA VIE!
JIM DAVIS 1-24
OÙ DONC?
© 1994 United Feature Syndicate, Inc.

EUF!
JIM DAVIS 1-25
© 1994 United Feature Syndicate, Inc.
DIRE QUE LA NOUVEAUTÉ ET L'IMPRÉVU PONCTUENT LA VIE DE PLUSIEURS JOUR APRÈS JOUR!
ÇA SEMBLE MONOTONE!

LA VIE EST UNE FÊTE!
JIM DAVIS 1-26
© 1994 United Feature Syndicate, Inc.
ET L'INVITATION DE JON S'EST ÉGARÉ DANS LE COURRIER!

J'ESSAIE D'ÉCRIRE MON AUTOBIOGRAPHIE...
© 1994 United Feature Syndicate, Inc.
ET ÇA NE VA PAS TRÈS FORT
C'EST CONFORME À LA RÉALITÉ!
JIM DAVIS 1-27

JIM DAVIS 1-28
JON, TU DOIS SORTIR PLUS SOUVENT
© 1994 United Feature Syndicate, Inc.
TU DOIS FRÉQUENTER TES SEMBLABLES
À CONDITION DE TROUVER UN PARESSEUX QUI COLLECTIONNE LES TIMBRES!

REGARDE-MOI DÉPLOYER L'OPÉRATION CHARME!
© 1994 United Feature Syndicate, Inc.
FOU LE CAMPS, LA NOUILLE
JIM DAVIS 1-29
ELLE ADMET MON EXISTENCE!
OPÉRATION CHARME TERMINÉE!

ABCDEFGHIJKLMNOPQRSTUVWXYZ
GARFIELD
GARFIELD
L'HEURE DE LA PROMENADE, GARFIELD!
HOUP! LA MOUSTIQUAIRE ÉTAIT FERMÉE! RIGOLO, NON?
J'AI FAILLI ME TUER!
JIM DAVIS 1-30

ON PRÉTEND QU'UN ABUS DE TÉLÉ REND PASSIF
JIM DAVIS 1-31
© 1994 United Feature Syndicate, Inc.
JE NE M'EN PLAINS PAS
ON S'EN FOUT!

Voici l'opinion de notre commentateur!
Wouf! Wouf! Brrr! Brrr! Wouf! Wouf!
JIM DAVIS 2-1
© 1994 United Feature Syndicate, Inc.
À présent, la réplique!
Miaou! Miaou! Ronron! Miaou!
BIEN DIT!

Demeurez des nôtres pour l'émission qui suivra...
Vous n'avez rien de mieux à faire, de toute façon...
© 1994 United Feature Syndicate, Inc.
Vu le vide de votre existence insignifiante!
ILS SAVENT CAPTER MON ATTENTION
JIM DAVIS 2-2

Votre chat est obèse et paresseux?
Il ne fait rien que manger et dormir?
© 1994 United Feature Syndicate, Inc.
Ce n'est pas grave!
JON! TU RATES UNE BONNE ÉMISSION!
JIM DAVIS 2-3

La caméra vidéo de la banque a pris cette photo du coupable...
JE CROYAIS ÊTRE DANS UNE PÂTISSERIE!
JIM DAVIS 2-4
© 1994 United Feature Syndicate, Inc.

Restez à l'écoute pour : "Regardons sécher la peinture"!
ZUT!
ILS ONT DÉCALÉ : "REGARDONS POUSSER LE GAZON"!
JIM DAVIS 2-5
© 1994 United Feature Syndicate, Inc.

GARFIELD
Z
CHIEN IDIOT! TU DORS À MA PLACE!
Z
PIF!
JIM DAVIS 2-6
POUSSE POUSSE
POUSSE
POUSSE POUSSE
GRATTE GRATTE
GRATTE
POUSSE GRATTE
© 1994 United Feature Syndicate, Inc.

PERSONNE NE TE POUSSE À GAUCHE ET À DROITE, HEIN GARFIELD?
NAN!
PAS SANS UNE REMORQUE, EN TOUT CAS!
AÏE! JE NE L'AI PAS VU VENIR!
© 1994 United Feature Syndicate, Inc.
JIM DAVIS 2-7

"TOUT SUR L'HUMOUR RAFFINÉ"
BONG!
SPLUT!
"AVEC BOZO LE CLOWN"!
© 1994 United Feature Syndicate, Inc.
JIM DAVIS 2-8

C'EST ASSEZ!
© 1994 United Feature Syndicate, Inc
HÉ-HO! JE NE SUIS PLUS LÀ, ODIE!
JIM DAVIS 2-9

JIM DAVIS 2-10
EUF...
GARFIELD
BLUP!
GARFIE
© 1994 United Feature Syndicate, Inc
EUF...
DEUX JOURS QUE JE N'AI PAS VU SON VISAGE!
GARFIELD

JIM DAVIS 2-11
JE LISAIS CET ARTICLE!
JON, TON PASSÉ N'INTÉRESSE PERSONNE!
© 1994 United Feature Syndicate, Inc.

C'EST AINSI QU'ON ROULE LES CHAUSSETTES.
JIM DAVIS 2-12
TON TOUR, À PRÉSENT!
TU NE M'ÉCOUTAIS PAS!
PASSONS AUX CALEÇONS!
© 1994 United Feature Syndicate, Inc.

GARFIELD
GARFIELD?
Z
MI MI MI MI MI MI MI MI
MI AOU MII AOUOU MIAAOU
MI AOU MII AOUOU MI AAOUU
BOUM!
© 1994 United Feature Syndicate, Inc.
VOUS NE SAVIEZ PAS QUE JE CHANTE L'OPÉRA?
JIM DAVIS

JIM DAVIS 2·14
BOUM BOUM
BOING BOING
BOING
© 1994 United Feature Syndicate, Inc.
TIENS? ON PEUT REBONDIR SUR DU PLANCHER DE BOIS FRANC?
AU RÉGIME!

À COMPTER D'AUJOURD'HUI, TU ES AU RÉGIME
JIM DAVIS 2·15
© 1994 United Feature Syndicate, Inc.
SI TU CONTINUES D'ENGRAISSER, LA TERRE QUITTERA SON ORBITE ET S'ÉCRASERA CONTRE LE SOLEIL
QU'AS-TU À RÉPONDRE À CELA?
DONNE-MOI UN BEIGNE ET ACTIVE LE CLIMATISEUR!

NON! JE NE LE SUPPORTE PLUS!
JIM DAVIS 2·16
ARRRRGH!
© 1994 United Feature Syndicate, Inc.
SIMPLE APPRÉHENSION!
LA FERME!

JON M'A INTERDIT DE GRIGNOTER
JIM DAVIS 2·17
MAIS J'AI CONNU UN MOMENT DE FAIBLESSE
© 1994 United Feature Syndicate, Inc.
QUI A ÉVENTRÉ LE FRIGO?
UN INTENSE MOMENT DE FAIBLESSE

LA VIE EST UNE LUTTE CONSTANTE ENTRE LE BIEN ET LE MAL,
LE BON ET LE MALÉFIQUE...
LA LASAGNE ET LA DIÈTE!
JIM DAVIS 2-18
© 1994 United Feature Syndicate, Inc.

NON! DE GRÂCE! PITIÉ!
PAR PURE BONTÉ, JE NE ME SUIS PAS PESÉ AUJOURD'HUI!
JIM DAVIS 2-19
© 1994 United Feature Syndicate, Inc.

Garfield
Z
TIC
TIC
TIC
TIC
Z
BRINNNG!
BONJOUR GARFIELD!
BONJOUR JON!
BONJOUR POOKY!
CROUCH!
CROUCH!
BONJOUR ODIE!
JE DOIS LAISSER TOMBER CE RÉGIME!
JIM DAVIS 2-20

JIM DAVIS 2·21
JE FAIS UN RÉGIME
TIENS DONC!
SI! AI-JE LE VISAGE D'UN MENTEUR?
© 1994 United Feature Syndicate, Inc.
COMMENT LE SAURAIS-JE, MON MINET?

JIM DAVIS 2·22
DUR DE FAIRE UN RÉGIME!
MAIS, APRÈS UN EFFORT DE PLUSIEURS JOURS, JE CONSTATE QUE J'ENGRAISSE MOINS VITE!
© 1994 United Feature Syndicate, Inc.
UNE MINCE VICTOIRE, MAIS VICTOIRE TOUT DE MÊME!
TU SENS LE CHOCOLAT!

DIS DONC TOI, COMBIEN PÈSES-TU?
ÇA NE TE REGARDE PAS!
PLUS FACILE D'ANNONCER LA MAUVAISE NOUVELLE AUX AUTRES!
© 1994 United Feature Syndicate, Inc.
JIM DAVIS 2-23

HEUREUX DE TE VOIR RÉSOLU À NE PLUS COLLATIONNER LA NUIT, GARFIELD!
© 1994 United Feature Syndicate, Inc.
GARFIELD?
JIM DAVIS 2-24
EST-CE TOI QUI TIENT CETTE FOURCHETTE?
ET JE FRISE LA DÉMENCE!

BONNE NOUVELLE!
J'AI LA JOIE D'ANNONCER QUE J'AI PRIS 3 KG SANS EFFORT!
LA PREMIÈRE FOIS QUE J'ATTEINS LE POIDS FIXÉ!
© 1994 United Feature Syndicate, Inc.
2-25
JIM DAVIS

ZUT!
14 JOURS DE RÉGIME ET JE N'AI PERDU QUE 2 SEMAINES!
© 1994 United Feature Syndicate, Inc.
JIM DAVIS
2-26

QU'EST-CE QUE C'EST?
UN COLLIER ANTI-PUCES!!!
DÉPLAÇONS-NOUS TOUTES VERS LA QUEUE DU CHAT!
MON SYDNEY EST LÀ-HAUT!
JE VAIS À SON SECOURS, M'DAME!
ALLONS FISTON! CRAMPONNE-TOI À MON ANTENNE!
SYDNEY!
MAMAN!
HOURRA!
UN COLLIER EN VUE!!!
LA VIE, C'EST DU CINÉMA!
© 1994 United Feature Syndicate, Inc
JIM DAVIS 2-27

ODIE
© 1994 United Feature Syndicate, Inc.
JIM DAVIS 2-28
GARFIE
LA PERFECTION EST DE CE MONDE!

JE VAIS À LA CUISINE!
© 1994 United Feature Syndicate, Inc.
JIM DAVIS 3-1
ÉTEINS AVANT DE TE COUCHER!

QUEL TEMPS FAIT-IL AUJOURD'HUI?
IL PLEUT...
ET IL VENTE!
JIM DAVIS 3-2

DÉJÀ PLUS DE CAFÉ! J'EN AI ACHETÉ HIER!
CAFÉ
JIM DAVIS 3-3
GARFIELD, SAIS-TU CE QUI EST ARRIVÉ AVEC LE CAFÉ?
CAFÉ
COMME ÇA, JE NE SAIS PAS, MAIS JE PEUX RESTER ÉVEILLÉ TROIS NUITS D'AFFILÉE POUR Y RÉFLÉCHIR!
CAFÉ

REGARDE! UN CHAT OBÈSE ET IDIOT!
HORS DE MA VUE, GROS TAS DE LARD!
OUAIS, DÉGUERPIS!
© 1994 United Feature Syndicate, Inc.
QU'EST-CE QUI EST ARRIVÉ À "CUI-CUI"?
JIM DAVIS 3-4

JIM DAVIS 3-5
© 1994 United Feature Syndicate, Inc.
FAITES ATTENTION POUR NE PAS SUBIR LE MÊME SORT!

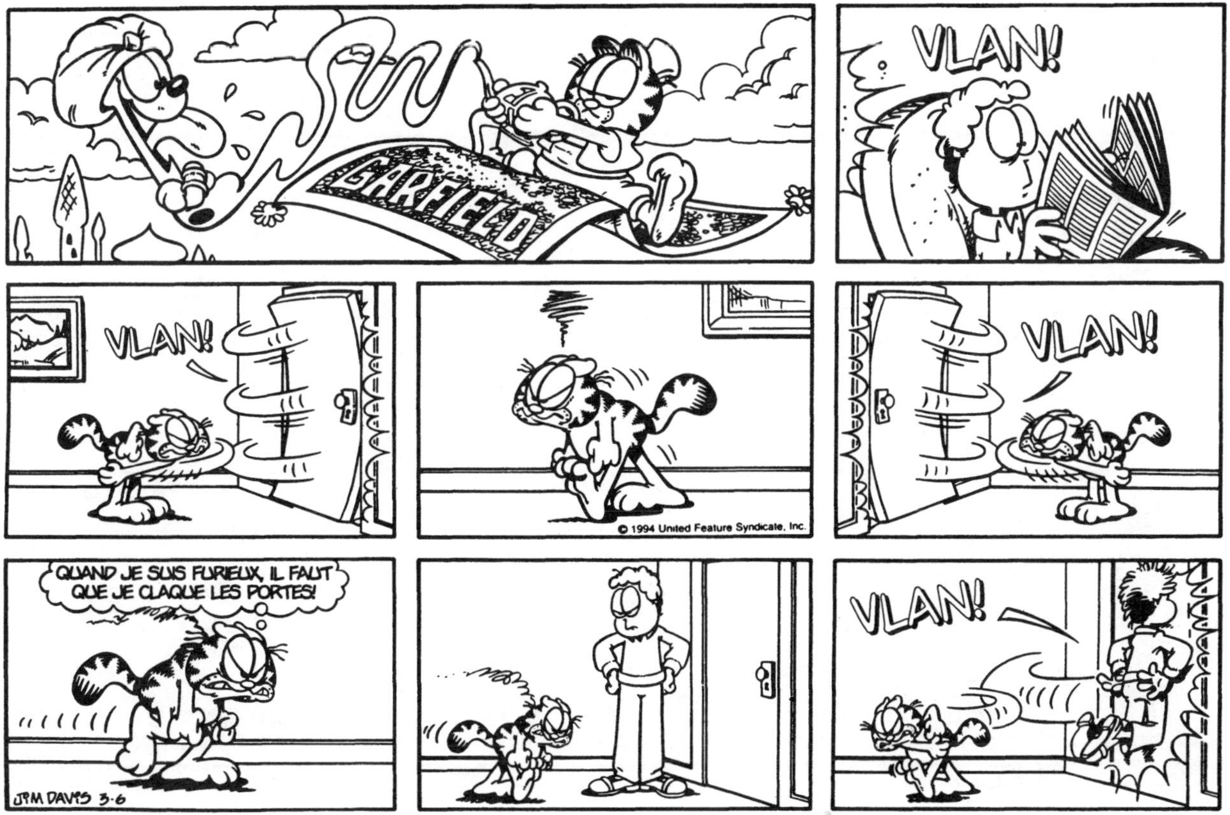
GARFIELD
VLAN!
VLAN!
VLAN!
© 1994 United Feature Syndicate, Inc.
QUAND JE SUIS FURIEUX, IL FAUT QUE JE CLAQUE LES PORTES!
JIM DAVIS 3-6
VLAN!

SUIS-JE UNE NOUILLE, À TON AVIS?
OUI!
DOMMAGE QUE LES CHATS NE PARLENT PAS!
OUI! OUI! TROIS FOIS "OUI"!
© 1994 United Feature Syndicate, Inc.
JIM DAVIS 3-7

JE REGRETTE DE N'ÊTRE PAS PLUS BEAU!
© 1994 United Feature Syndicate, Inc.
TAP TAP
TU N'AS PAS DE RAISON DE DIRE CELA...
C'EST MOI QUI DEVRAIS REGRETTER QUE TU NE SOIS PAS PLUS BEAU!
JIM DAVIS 3-8

GARFIELD, JE ME REGARDE DANS LA GLACE...
GARFIELD
© 1994 United Feature Syndicate, Inc.
ET UNE QUESTION ME VIENT À L'ESPRIT...
GARFIELD
JIM DAVIS 3-9
SUIS-JE MACHO?
ÉVIDEMMENT, IL N'A PAS VU QUE J'AI LA BOUCHE PLEINE!
GARFIELD

JE DOIS VRAIMENT CHANGER MON IMAGE, GARFIELD!
BIEN D'ACCORD!
UN CHANGEMENT PEUT ÊTRE POSITIF
ENCORE D'ACCORD!
© 1994 United Feature Syndicate, Inc.
UNE TRANSFORMATION NOUS PROFITERAIT À TOUS LES DEUX, PAS VRAI?
PARLE POUR TOI, FACE D'ÂNE!
JIM DAVIS 3-10

LES FEMMES AIMENT LES BEAUX GRANDS BRUNS
CROIS-TU QUE JE POURRAIS ÊTRE BEAU, GRAND ET BRUN?
BIEN SÛR QUE OUI!
© 1994 United Feature Syndicate, Inc.
JPM DAVPS 3-11
GRIMPE SUR UNE CHAISE, ÉTEINS LA LUMIÈRE ET MENS!

TU SAIS, GARFIELD...
J'AIMERAIS AVOIR UNE IDENTITÉ SECRÈTE, COMME UN SUPERHÉROS!
© 1994 United Feature Syndicate, Inc.
JPM DAVPS 3-12
TON IDENTITÉ EST UN SECRET!

GARF IELD
Z
Z
FROUCH!
WRRRRRRR
JIM DAVIS 5-13
Z
CRAC!
B-D-D-D-D-D-D
© 1994 United Feature Syndicate, Inc.

DING
© 1994 United Feature Syndicate, Inc
L'HEURE DU REPAS!
LES CHATS N'ONT PAS DE SONNERIE!
J'AI AVALÉ LE COMPTE-MINUTES!
JIM DAVIS 3-14

TU ES OBÈSE...
© 1994 United Feature Syndicate, Inc
ET FAINÉANT
TU VOIS! JE FAIS LE TRAVAIL DE DEUX CHATS!
JIM DAVIS 3-15

ATTENDS ICI, ODIE! JE M'OCCUPE DE TA BOUFFE!
© 1994 United Feature Syndicate Inc
MIAM MIAM MIAM
JIM DAVIS 3-16

Z
HEUREUX DE TE VOIR À L'ŒUVRE!
À L'ŒUVRE?!
ET D'OÙ CE TROU PEUT-IL PROVENIR?
JIM DAVIS 3-17

OÙ EST MON CADEAU?
JE NE PEUX T'APPORTER UN CADEAU CHAQUE FOIS QUE JE SORS!
ALORS, POURQUOI SORTIR?
T'AMUSES-TU AUTANT QUE MOI?
JE M'ENNUIE!
ALORS, C'EST OUI!

GARFIELD
ZOOOOM
WHAM
WHAM
POURQUOI AGIR AINSI? IL ME REND CINGLÉ!
TU AS RÉPONDU À TA QUESTION, EINSTEIN!
© 1994 United Feature Syndicate, Inc
JIM DAVIS 3-20

JIM DAVIS 3-21
AVEZ-VOUS REMARQUÉ COMBIEN UN CHAT PEUT SE FONDRE À SON ENTOURAGE?

VOICI UNE PELOTE AVEC QUOI T'AMUSER!
JIM DAVIS 3-22
COMMENT ÇA FONCTIONNE?

VOUS AVEZ LA CHANCE D'AVOIR DE LA FOURRURE...
QUI VOUS TIENT BIEN AU CHAUD!
QUI COUVRE AUSSI LE COBRA TATOUÉ SUR MON DERRIÈRE!
JIM DAVIS 3-23

QUAND UN CHAT VEUT RÉVEILLER QUELQU'UN, IL LUI MONTE DESSUS...
Z
YAAAH!
AVEC DES CHAUSSURES DE GOLF!
CLOP CLOP CLOP
© 1994 United Feature Syndicate, Inc
JIM DAVIS 3-24

LES CHATS SONT DES CRÉA-TURES SAUVAGES QUI FONDENT LEURS GESTES SUR... EUH...
L'INSTINCT!
JIM DAVIS 3-25

GARFIELD, C'EST DANGEREUX LÀ-HAUT!
PAS POUR UN CHAT AGILE!
DU MOINS, PAS POUR UN CHAT AGILE EN PARACHUTE!
© 1994 United Feature Syndicate, Inc
JIM DAVIS 3-26

$ GARFIELD
GARFIELD
DING DONG
DING DONG
UN CHAT NE SONNE PAS À LA PORTE POUR ENTRER!
O.K.
GRATT
GRATT
GRATT
GRATT
GRATT
GRATT
GRATT
JPM DAVIS 3-27
© 1994 United Feature Syndicate, Inc.
CONTENT?

SAPRISTI! JE SUIS GROS!
JIM DAVIS 3-28
IL NE RESTE QU'UN MOYEN!
© 1994 United Feature Syndicate, Inc
CONTENIR LES DÉGÂTS!

J'AI PERDU MA CARTE DE CRÉDIT!
JE RÉUNIS UNE ÉQUIPE DE SECOURS...
DÈS QUE JE ME SUIS CURÉ LES DENTS!
3-29
JIM DAVIS

3-30
JON S'EST DÉMIS UNE VERTÈBRE
JE POURRAIS CHERCHER DU SECOURS...
OU LUI FAIRE LES POCHES!
LOIN DE MOI, INFÂME!
JIM DAVIS

MESDAMES ET MESSIEURS, ODIE!
BONG!
OUVRE LA PORTE ET ENSUITE TU ENTRES!
JIM DAVIS 3-31

PUIS-JE AVOIR UNE SECONDE D'ATTENTION?
JIM DAVIS 4-1
BIEN SÛR!
JE VEUX TE PARLER DU MANQUE DE RESPECT QUE TU
SECONDE ÉCOULÉE!

JIM DAVIS 4-2
GARE AU CHIEN
CHANGEONS DE DIRECTION!

GARF
IELD
GLOUGLOU...
QU'EST-CE QUE C'EST?
GLOUGLOU...
GARFIELD A CONSERVÉ LA TÊTE DE SON BONHOMME DE NEIGE
GAR-FIELD!
JIM DAVIS 4-3

A TABLE!
OÙ EST GARFIELD?
GARFIELD
OÙ EST JON?
JIM DAVIS 4.4

J'AI VIDÉ MON ASSIETTE!
ET LA TIENNE!
DING-DONG!
ET CELLES DES VOISINS!
JIM DAVIS 4.5

MON POISSON ROUGE!
JIM DAVIS 4-6
REMETS-LE! TOUT DE SUITE!
GARFIELD!

PUIS-JE TE CONFIER CE GÂTEAU, GARFIELD?
BIEN SÛR!
C'EST STUPIDE, MAIS TU PEUX!
JIM DAVIS 4-7

UN HAMBURGER SOLITAIRE...
ÉGARÉ DU TROUPEAU...
L'INSTINCT DU CHASSEUR NE SE PERD PAS!
JIM DAVIS 4·8

JIM DAVIS 4·9
TCHAC!
MIAM!
J'ESPÈRE QUE C'EST COMESTIBLE!

Garfield
CRAYON
MONNAIE
PEIGNE
CHIPS
FOURCHETTE
MIAM MIAM MIAM
JPM DAVPS 4·10
AH-HA!
POP
LA TÉLÉ-COMMANDE!

JE SAIS LE TEMPS QU'IL FAIT...
JIM DAVIS 4-11
SANS QUITTER MON LIT!
© 1994 United Feature Syndicate, Inc.
C'EST LA PLEINE LUNE!
NOUS AVONS SOIF DE SANG!

JE ME DEMANDE CE QUE RÉSERVE L'AVENIR...
HÉ! L'AVENIR A UNE RÉSERVE DE BISCUITS!
JIM DAVIS 4-12

CROC
CROC
CROC
OÙ SONT PASSÉS LES BISCUITS?
© 1994 United Feature Syndicate, Inc.
EUH... AU BUREAU DE POSTE POUR ACHETER DES TIMBRES!
ENSUITE, DIRECTION BORD DE MER!
T'AS DES MIETTES SUR LE MENTON
JIM DAVIS 4-13

J'AI RÉUSSI!
© 1994 United Feature Syndicate, Inc
J'AI MANGÉ MON MILLIONIÈME REPAS!
JIM DAVIS 4-14
ET IL N'EST QUE MIDI!

JE SAIS L'IMPORTANCE QUE TU ACCORDES À LA BOUFFE
JIM DAVIS 4·15
© 1994 United Feature Syndicate, Inc.
MAIS IL Y A DES LIMITES!
ADORER UN BEIGNE!
NE CONTRARIE PAS LES DIEUX!

SCRONTCH
MIAM
MIAM
SLURP
CROC
CROC CROC
CROC
CROUNCH
GARFIELD
© 1994 United Feature Syndicate, Inc.
TA FAÇON DE MANGER ME DÉGOÛTE
GARFIELD
JIM DAVIS 4·16
JE COMPENSE LA QUALITÉ PAR LA QUANTITÉ!
GARFIELD

GARFIELD
BWA-BWA-BWA-BWAAAHH
SMMAAACK!
LE LIVREUR DE PIZZA DOIT ÊTRE ICI!
JIM DAVIS 4-17
© 1994 United Feature Syndicate, Inc.

CLOP
CLOP
CLOP
CLOP
JIM DAVIS 4-18
CLOP
CLOP
CLOP
CLOP
T'ÉCRASES DES ARAIGNÉES?
QUI TE L'A DIT?

© 1994 United Feature Syndicate, Inc
NON! NON! JON, JE T'EN PRIE!
JIM DAVIS 4-19
TCHOUF
OH! NON!
JE ME LA RÉSERVAIS!

JIM DAVIS 4-20
KA-TCHAC!
CLIC

WHAM!
JIM DAVIS 4-21

© 1994 United Feature Syndicate Inc
PIF!
ELLES ONT PRIS DE LA VITESSE PENDANT QUE J'AI PRIS DE L'ÂGE!
JIM DAVIS 4·22

UNE ARAIGNÉE INVISIBLE!
WHAM! WHAM! WHAM! WHAM! WHAM! WHAM! WHAM! WHAM!
© 1994 United Feature Syndicate, Inc.
JIM DAVIS 4·23
QU'EST-CE QUE TU CROIS?!
N'AVAIS-TU DONC RIEN VU?

GARFIELD
ENFIN!
DES FLEURS!
TULIPES!
DES SOUCIS!
DES PENSÉES!
OUILLE!
© 1994 United Feature Syndicate, Inc.
DES ROSES!
JIM DAVIS 4-24

BONJOUR GARFIELD!
D'ACCORD, BONJOUR À TOI AUSSI, POOKY!
BÉCOT!
QUI M'AIME AIME AUSSI MON OURSON!
© 1994 United Feature Syndicate, Inc.
JIM DAVIS 4-25

RENONCE À FAIRE TOMBER ODIE EN BAS DE LA TABLE!
D'ACCORD! D'ACCORD!
© 1994 United Feature Syndicate, Inc.
VLAN!
BOUM!
JIM DAVIS 4-26

EN SECRET, J'AI MIS UNE BRIQUE DANS CE GÂTEAU
CROUCH
CROUCH
CROUCH
EN SECRET, J'AI PRIS GOÛT AUX BRIQUES!
© 1994 United Feature Syndicate, Inc
JIM DAVIS 4-27

GARFIELD!
JIM DAVIS 4-28
RÉPARE ÇA!
TU L'AURAS VOULU!

JON DIT QUE JE MANQUE D'ENTRAIN
JIM DAVIS 4-29
EST-CE UNE MINE ASSEZ RÉJOUIE À TON GOÛT?

VOICI UN METS TRÈS RAFFINÉ, GARFIELD!
© 1994 United Feature Syndicate, Inc
VOILÀ!
UNE SAUCISSE EN SMOKING?!
JIM DAVIS 4-30

GARFIELD
VOIS COMMENT J'IMPRESSIONNE LES FILLES EN FAISANT LE MIME!
ON DIRAIT UNE ALLUMETTE!
JIM DAVIS 5·1
© 1984 United Feature Syndicate, Inc.
AÏE!
HÉ-HO! TU N'ES PAS CENSÉ PARLER!

LA VIE EST PARFOIS DRÔLE
HA! HA! HA!
SAVON
POUR CERTAINS D'ENTRE NOUS!
© 1994 United Feature Syndicate, Inc
JIM DAVIS 5-2

JON A LAISSÉ TOMBÉ LA PRUDENCE
IL A LE REGARD FOU DE CELUI QUI VIT DANGEREUSEMENT
IL PORTE SON MAILLOT DE CORPS À L'ENVERS!
© 1994 United Feature Syndicate Inc
JIM DAVIS 5-3

JON S'AMUSE AVEC DAME NATURE
UNE MITE ENRAGÉE!
JE L'AVAIS PRÉVENU; CETTE FEMME EST DINGUE!
JIM DAVIS 5-4

L'ENNUI VOUS GUETTE? VOUS AIMERIEZ PARAÎTRE PLUS ACTIF?
FRÉQUENTEZ QUELQU'UN DE PLUS TERNE QUE VOUS!
QUE VEUX-TU, GARFIELD?
JIM DAVIS 5-5

JIM DAVIS 5-6
© 1994 United Feature Syndicate Inc
JAMAIS IL N'EST PLUS GAI QUE LORSQU'IL PORTE SES CHAUSSETTES MUSICALES!

JON ET MOI AVONS EU UN DIFFÉREND CE MATIN
JIM DAVIS 5-7
MAIS JE ME SUIS CONDUIS EN ADULTE...
© 1994 United Feature Syndicate Inc
TU AS BRISÉ MES CRAIES!
COMPTE TENU LE CONTEXTE!

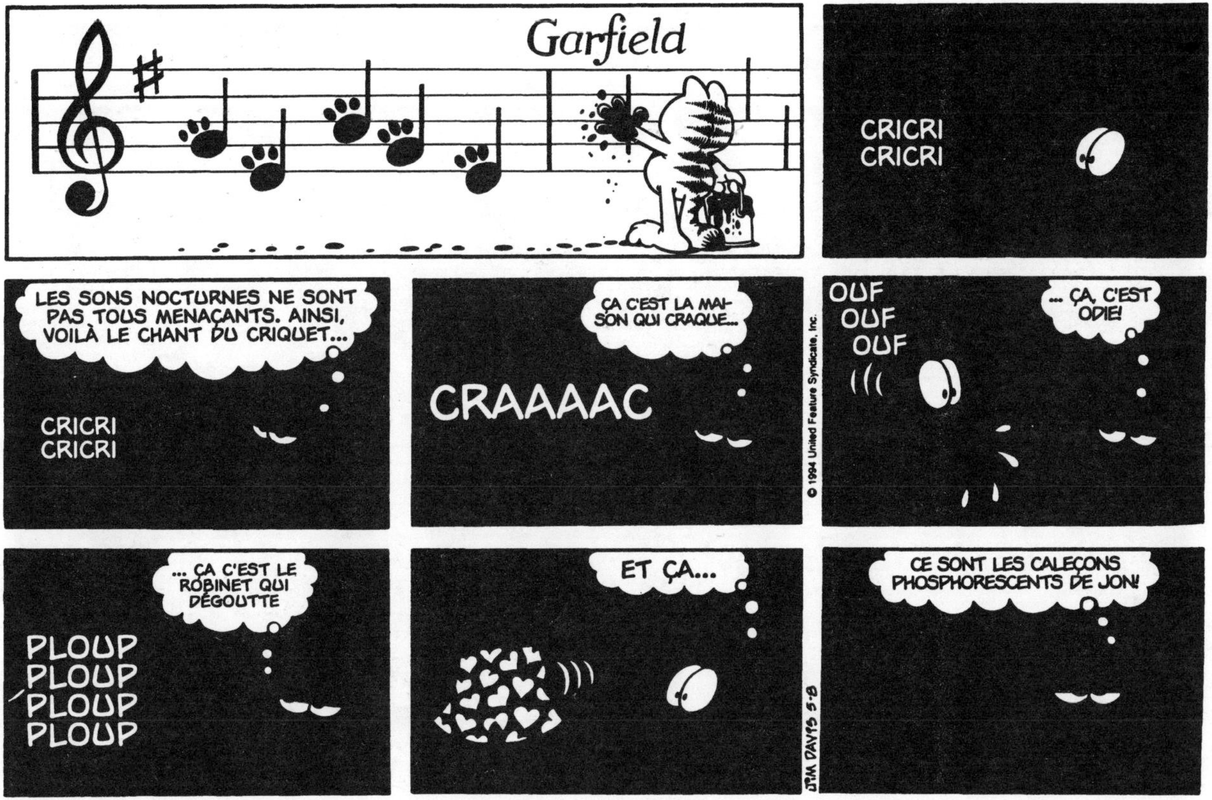
Garfield
CRICRI CRICRI
LES SONS NOCTURNES NE SONT PAS TOUS MENAÇANTS. AINSI, VOILÀ LE CHANT DU CRIQUET...
CRICRI CRICRI
ÇA C'EST LA MAISON QUI CRAQUE...
CRAAAAC
© 1994 United Feature Syndicate, Inc.
OUF OUF OUF
... ÇA, C'EST ODIE!
... ÇA C'EST LE ROBINET QUI DÉGOUTTE
PLOUP PLOUP PLOUP PLOUP
ET ÇA...
JIM DAVIS 5-8
CE SONT LES CALEÇONS PHOSPHORESCENTS DE JON!

TU SEMBLES DE MAUVAISE HUMEUR
EST-CE QUE C'EST QUELQUE CHOSE QUE J'AI DIT?
© 1994 United Feature Syndicate, Inc
OU BIENSONT-CE PLUSIEURS CHOSES QUE J'AI FAITES?
JIM DAVIS 5-9

BON SANG! J'AIMERAIS CONSTATER MOINS D'INDIFFÉRENCE AUTOUR DE MOI!
© 1994 United Feature Syndicate, Inc.
QU'EN DIS-TU?
ÇA M'EST ÉGAL
JIM DAVIS 5-10

WOUF! WOUF!
WOUF! WOUF!
INUTILE! NOUS NE RATTRAPERONS PAS LE MARCHAND DE GLACES
JIM DAVIS 5-11

JE T'AI À L'OEIL!
À QUEL PROPOS?
JIM DAVIS 5-12

LE GROS LARD S'EN VIENT!
EN PLUS D'ÊTRE GROS, IL EST LENT!
JE PARLAIS DE TOI!
JIM DAVIS 5-13

GARE AU
GARE AU
WOUF! WOUF! WOUF!
GARE AU
JIM DAVIS 5-14

garfield
© 1994 United Feature Syndicate, Inc.
JIM DAVIS 5-15

JIM DAVIS 5-16
UN, DEUX! UN, DEUX, TROIS!
© 1994 United Feature Syndicate, Inc.
FLIP FLAP
FLIP FLAPFLIP
FLAPFLIP
FLAPFLIP

FLIP FLAP
FLIP FLAP
FLIP FLAP
FLIP FLAP
JIM DAVIS 5-17
© 1994 United Feature Syndicate, Inc.
HOU!
LEQUEL A HUÉ?

Voici les aventures d'un chat mignon et gentil...
à "Ciné science-fiction"!
BIZARRE!
CLIC
JIM DAVIS 5-20
© 1994 United Feature Syndicate, Inc.

ÉCRASE CETTE SOURIS!
JIM DAVIS 5-21
© 1994 United Feature Syndicate, Inc.
ET SI JE L'EMMENAIS FAIRE DU SAUT À L'ÉLASTIQUE EN ESPÉRANT UN ACCIDENT?

Garfield
REGARDE CE CHAT!
DOMMAGE QUE LE VIEUX FIDO N'Y SOIT PLUS!
C'ÉTAIT UNE BRAVE BÊTE!
LE VIEUX FIDO EN AURAIT FAIT UN CHAPEAU DE POIL!
LE VIEUX FIDO L'AURAIT RÉDUIT EN TACO!
DOMMAGE QUE LE VIEUX FIDO N'Y SOIT PLUS!
C'ÉTAIT UNE BRAVE BÊTE!
ESPÉRONS QU'IL SOIT ENTERRÉ PROFONDÉMENT!
JIM DAVIS 5-22
© 1994 United Feature Syndicate, Inc.

CHAQUE FOIS QUE JE T'APERÇOIS, TU MANGES OU TU RONFLES!
GARF
JIM DAVIS 5-23
© 1994 United Feature Syndicate Inc
GARFIELD
JE SERAIS CONTENT DE CHOISIR L'UN OU L'AUTRE ET D'Y RESTER FIDÈLE!
GARFIELD

TON POIDS EST TROP ÉLEVÉ
JE SAIS, JON
TU DOIS PERDRE DU POIDS SANS ATTENDRE!
OUI, CHEF!
© 1994 United Feature Syndicate, Inc
OÙ VAS-TU?
SUR UNE PLANÈTE OÙ LA GRAVITATION EST PLUS FAIBLE!
JIM DAVIS 5-24

ODIE! J'AI UNE GÂTERIE POUR TOI!
JIM DAVIS 5-25
© 1994 United Feature Syndicate Inc
BEL EFFORT, GARFIELD!
GARFIELD? JE NE SUIS PAS GARFIELD!

DU DESSERT!
© 1994 United Feature Syndicate Inc
LE RETOUR DU DESSERT : 2E PARTIE!
JIM DAVIS 5-26

LINDA, JE PARIE QUE RIEN NE TE TENTE AUTANT QUE DE SORTIR AVEC MOI!
EUH...
JIM DAVIS 5-27
© 1994 United Feature Syndicate, Inc.
ELLE PRÉFÈRE NAGER DÉGUISÉE EN BIFTECK DANS DES EAUX INFESTÉES PAR LES PIRANHAS
JE PARIE QUE TU ÉTAIS SON DEUXIÈME CHOIX

HÉ! LA MACHINE À MANGER...
© 1994 United Feature Syndicate, Inc.
GARF
5-28
À CAUSE DE TES 6 HEURES DE LUNCH, TU AS RATÉ LE DÎNER!
GARF
J'AI DÉJÀ UN CREUX!
GARF
JIM DAVIS

GARFIELD
JIM DAVIS 5-29
GARE AU BOOGA
"GARE AU BOOGA"?
QU'EST-CE QU'UN BOO...
HOUP!
BOOGA! BOOGA! BOOGA!
© 1994 United Feature Syndicate, Inc

TU DEVRAIS FAIRE DE L'EXERCICE!
ÇA NE ME SEMBLE PAS UTILE; JE SUIS DÉJÀ FATIGUÉ!
JIM DAVIS 5-30

EST-IL POSSIBLE QUE TU BOUGES UN PEU AUJOURD'HUI?
UN TREMBLEMENT DE TERRE EST TOUJOURS UNE POSSIBILITÉ.
JIM DAVIS 5-31

CE SERAIT BIEN SI UNE CHOSE EXCITANTE SURVENAIT!
PAS À MOI, BIEN ENTENDU...
JIM DAVIS 6·1

RÉFLÉCHIS TOUJOURS AVANT D'AGIR!
ET SI JE RÉFLÉCHISSAIS TOUJOURS SANS AGIR?
6·2
JIM DAVIS

JE SONGE SÉRIEUSEMENT À ME RENDRE DANS LA PIÈCE D'À CÔTÉ...
À MOINS QUE TU L'APPORTES ICI!
CHAT INDIGNE!
JIM DAVIS 6·3

HÉLAS!
TOUS LES JOURS SE RESSEMBLENT!
QUAND ON SAIT S'Y PRENDRE!
JIM DAVIS 6·4

GARFIELD
SCÉNARIO VERSION FINALE APPROUV
GAR-FIELD!
GARFI
JIM DAVIS 6-5
SPLASH!
© 1994 United Feature Syndicate, Inc.
IMPRESSIONNANT!
T'AS VU LA TRIPLE VRILLE?
ARFIELD

VOYEZ QUI EST ENFIN DEBOUT!
JIM DAVIS 6-6
© 1994 PAWS, INC./Distributed by Universal Press Syndicate
EST-CE GARFIELD OU MONSIEUR GRINCHEUX?
NOUS N'AIMONS PAS MONSIEUR GRINCHEUX
ET MONSIEUR GRINCHEUX S'EN BALANCE!

BIBI BIBI
BIBI BIBI
© 1994 PAWS, INC./Distributed by Universal Press Syndicate
JE DÉTESTE ÇA!
JE SAIS!
JIM DAVIS 6-7

JE VAIS À L'ANIMALERIE T'ACHETER UNE JOLIE CHOSE
© 1994 PAWS, INC./Distributed by Universal Press Syndicate
MAIS L'APPRÉCIES-TU?
NON!
DES PANTOUFLES GROS-MINET!!
JIM DAVIS 6-8

D'AC, LINDA. JE VOUS REJOINS À 19 H.
JIM DAVIS 6-9
MOI?... BEAU, GRAND, BRUN ET MUSCLÉ!
© 1994 PAWS, INC./Distributed by Universal Press Syndicate
VIVE LES RENCONTRES SURPRISES!
VITE! LES PECTORAUX GONFLABLES!

ODIE, JON T'A OFFERT UNE PORTE À BATTANT AUTOMATIQUE.
BIP!
ZIP!
© 1994 PAWS, INC./Distributed by Universal Press Syndicate
ET JE L'AI INSTALLÉE!
JIM DAVIS 6-10

C'EST CONVENABLE POUR L'APRÈS-MIDI, NON?
JIM DAVIS 6-11
"CONVENABLE" NE REND PAS JUSTICE À L'ENSEMBLE
© 1994 PAWS, INC./Distributed by Universal Press Syndicate
DEVINEZ QUI A REMIS SA LESSIVE AU LENDEMAIN!